(369e) **Vente du 29 Novembre 1875**

DESSINS ANCIENS

D'ARTISTES CÉLÉBRES

DES DIVERSES ÉCOLES

EXPOSITION PUBLIQUE

Le Dimanche 28 Novembre 1875, de 1 heure à 4 heures.

Mᵉ Maurice DELESTRE	M. VIGNÈRES
COMMISSAIRE-PRISEUR	Mᵈ D'ESTAMPES
Successeur de Mᵉ DELBERGUE-CORMONT	Rue de la Monnaie, 21 (ancien 13)

PARIS — 1875

CATALOGUE

DE

DESSINS ANCIENS

D'ARTISTES CÉLÈBRES

DES DIVERSES ÉCOLES

PROVENANT DES COLLECTIONS

Andreossy, de Arozarena, Boilly, Camberlyn, Denon
Dupan, Mariette, Mouriau, Norblin, Ottley
Joshua, Reynolds, etc.

DONT LA VENTE AURA LIEU

HOTEL DES COMMISSAIRES-PRISEURS

RUE DROUOT, 5, SALLE N° 4

AU PREMIER ÉTAGE

Le Lundi 29 Novembre 1875

A UNE HEURE PRÉCISE

EXPOSITION PUBLIQUE

Le Dimanche 28 Novembre 1875, de 1 heure à 4 heures.

Mᵉ **MAURICE DELESTRE**, Commissaire-Priseur,
Successeur de Mᵉ DELBERGUE-CORMONT,
rue Drouot, 23,

Assisté de **M. VIGNÈRES**, Marchand d'Estampes
rue de la Monnaie, 21 (ancien 13), à l'entre-sol.

CHEZ LEQUEL SE DISTRIBUE LE CATALOGUE.

PARIS — 1875

CONDITIONS DE LA VENTE

Les attributions et notes de l'Amateur ont été conservées.

La vente sera faite au comptant.

Les Acquéreurs paieront CINQ POUR CENT en sus des enchères, applicables aux frais de vente.

M. VIGNÈRES, dirigeant la Vente, se charge des Commissions.

NOTA. Toute commission, sans prix fixé ou sans limite déterminée, sera regardée comme nulle.

M. VIGNÈRES se charge de faire marquer les prix aux Catalogues des Ventes qu'il a faites. Les personnes qui le désirent peuvent s'adresser à lui *franco*.

Plusieurs Amateurs éloignés en ont reconnu l'utilité pour les guider dans leurs achats sur les valeurs des Estampes.

Les Catalogues des Ventes à faire seront envoyés aux personnes qui en feront la demande *affranchie*.

AVIS. — Nous prions MM. les Amateurs éloignés de ne pas attendre au dernier jour, pour que les lettres arrivent le matin de la vente; la distribution des lettres se faisant après mon départ.

Choix de Catalogues avec prix marqués.

M. VIGNÈRES se charge des Commissions dans les Ventes de Livres et Estampes autres que les siennes

29 Étrangers   4 50

341 France et Paris à 5ᶜ   17 05

5 Mains de papier pour chemises   7 50

Honoraires 10 %   308 15

f 337 20

Compte de M. Hocquet   615 85

953 05

Page 5 Section 10.   7

        Section 1, 50   3.

        Section   3.

                       5.

        Berechnung 1, 50   4.

                       6.

        Berechnung 1   4.

        Berechnung 2   4.

        Berechnung 2   5.

        Berechnung 1   3.

ESTAMPES

20 Volum. **1** ~~Album~~ de Blasons, gravures, croquis et dessins d'ornements à l'aquarelle. Environ 160
pièces.   20

6   2 ANONYME ALLEMAND, xviie siècle. Chasse au
Cerf et au Loup. Dessin pour une tapisserie, à la
plume et lavé d'indigo.   3   Vig

6   3 ANONYME FRANÇAIS. Allégorie à la naissance
du Dauphin, fils de Louis XVI. Dessin décoratif
à la pierre noire, rehaussé de blanc.   3.50

10   4 — Monument antique. Ruines d'architecture.
2 dessins à la sanguine, genre de *Robert*.   3   Vig

10   5 — Passage de la mer Rouge. Grand dessin à la
pierre noire, lavé d'encre de Chine et relevé de
blanc, dans le genre de *S. Bourdon*.   4   Vig

12   6 — L'Entrée du Panthéon, à Rome. Aquarelle,
genre de *Clerisseau*.   4   Vig

10   7 — Jeune femme s'abritant de son éventail.
Croquis au crayon noir relevé de blanc.   4.50

10   8 ANONYME ITALIEN. L'Enlèvement d'Europe.
A la plume et lavé de bistre.   3.50   Vig

10   9 — La Vierge, l'Enfant-Jésus et le petit saint
Jean. Dessin à la plume de la collection
Andréossy.   5

6   10 — Sujet de décoration d'un palais avec statue.
A la plume, lavé de sépia.   3.50

11 ABATE (Niccolò dell'). Allégorie au génie des arts. Bon dessin à la plume et lavé d'encre de Chine relevée de blanc. Collection *Andréossy*.

12 AKEN (J. VAN). Paysage montagneux animé de figures. Joli dessin à l'encre de Chine. Collections *Norblin* et *Mouriau*.

13 ALLEGRAIN. Paysage italien orné de fabriques et animé de personnages, dans le sentiment du *Poussin*. Au lavis d'encre de Chine, relevé de blanc.

14 ALLORI (Alessandro). Un Prophète. Bon dessin à la pierre d'Italie.

15 AMICONI (Attribué à). Jeune mère entourée d'enfants. Dessiné à la plume.

16 ARTOIS (Van). Paysage d'hiver. Vigoureuse étude d'arbres, à la plume, encadré.

17 ASSELYN (Jean). Ruines d'un ancien manoir au pied duquel coule une rivière. Beau dessin à l'encre de Chine dans le sentiment de *Jean Both*.

18 AVERCAMP (Van). Paysage d'hiver orné d'un château-manoir au pied duquel se meuvent divers groupes de patineurs. Aquarelle relevée de blanc. *Signée* du monogramme.

19 BABEL. Décor théâtral composé de colonnades et de fontaines. Au centre un double escalier demi-circulaire entoure une statue équestre. Joli dessin à la plume lavé d'encre de Chine et d'aquarelle.

, Deschamp 2

. Deschamp 1

. Dach— 1/50

, Deschamp 1   Cheneverie 12

. Deschamp 1

. Deschamp 1

. Deschamp 1 .

2, Deschamp 1/50

6. Carré 15   Deschamp 1

Deschang 2   Graj. 6,50.

Deschm. 2,50   Derendenge 10.

Deschm. 1,50

Deschm. 2

Deschm. 1

Deschm. 3

Deschm. 2,50

Deschm. 1,50

Deschm. 1   Derendung. 3.

Deschm. 1

25   **20** BARBIERI (Gio.-F.), dit le Guerchin. La Cueillette des joncs et roseaux. Bon paysage à la plume, à l'encre brune. Collections *Montarsis, Crozat* et *Mariette.*   12

12   **21** — Les Baigneuses. Vigoureux dessin à la plume, à l'encre brune.   7   *Vig*

15   **22** BAROCCI (Federigo). Saint François aux stigmates en méditation. Bon dessin à la pierre d'Italie relevée de sanguine.   10

15   **23** BERQ (Van den). Vertumne et Pomone. Dessin à la plume lavé d'encre de Chine. *Signé* du monogramme et daté de 1626.   7   *Vig*

30   **24** BERGHEM (Nicolas). Bergère passant un gué accompagnée d'une vache, deux chèvres et un chien. Beau dessin à la sanguine, bien conservé.   8   *Vig*

30   **25** — Berger frappant pour activer la marche de son troupeau. A droite un jeune garçon est perché sur des bagages que porte un âne. Bon dessin à la sanguine dont quelques légères parties sont inachevées.   12   *Vig*

20   **26** BERRETINI (P. de Cortone). Sujet allégorique de l'Histoire, la Vérité, la Justice et la Force, symbolisées par des femmes et des enfants. Beau dessin à la plume, lavé de bistre.   8

20   **27** BILCOQ (L.), 1779. Château au fond d'un parc, animé de figures. Dessin à la pierre noire. *Signé.*   7.50

10   **28** BLOEMART (Abraham). Un Mendiant et deux autres figures, l'une assise, l'autre accroupie. Pierre noire rehaussée de blanc.   5

10   **29** BLOEMEN (Van). Études d'ânes. A la sanguine.   3   *Vig*

30 BOSCOLI (Andrea). Char de Bacchus traîné par des faunes et bacchantes. A la plume et lavé de bistre.

31 BOSIO. La Vérité couronne le Génie des arts et de l'histoire. Bon dessin au lavis de sépia, rehaussé de blanc. *Signé.*

32 BOTH (Attribué à André). Paysage maritime dessiné à la pierre d'Italie.

33 BOUCHER (François). Diverses têtes d'étude. Beau dessin à la pierre noire rehaussé de blanc. Encadré.

34 — Deux jeunes femmes semblent tenir une conversation auprès d'un piédestal. Joli dessin à la sanguine brûlée.

35 — Un Parc rustique. A droite, une habitation à toit pointu que l'artiste a reproduite fréquemment dans ses paysages. Dessin à la pierre noire rehaussée de blanc, sur papier bleu.

36 BOURDON (Sébastien). La Fuite en Égypte. Un ange tenant des torches allumées plane au-dessus du groupe et éclaire la scène. A la plume et lavis de sépia relevé de blanc sur fond brun.

37 BREUGHEL (Pierre), *le Vieux* ou *le Drôle*. Danse de paysans. Curieux dessin de ce maître, à la sanguine. Rare.

38 BREUGHEL (Pierre) *de Velours*. Canal entre des falaises et couvert de barques. A la plume et lavis d'aquarelle. Collection *Mariette.*

39 — Paysage montagneux d'une grande étendue. A la plume et lavis d'indigo.

. Deschen 2.

. Derellen 2/50

. Derchen 1

. Boven 30 a 40. Jarchen 1/50

. Boven 20 a 25 Jarchen 2/50

2. Jerchung 1

. Jarchung 3

2. Boven 15 a 35. Derchung 3 Dierry 25

3. Grog 16. Derchung 3/50

4. Derchen 1/50

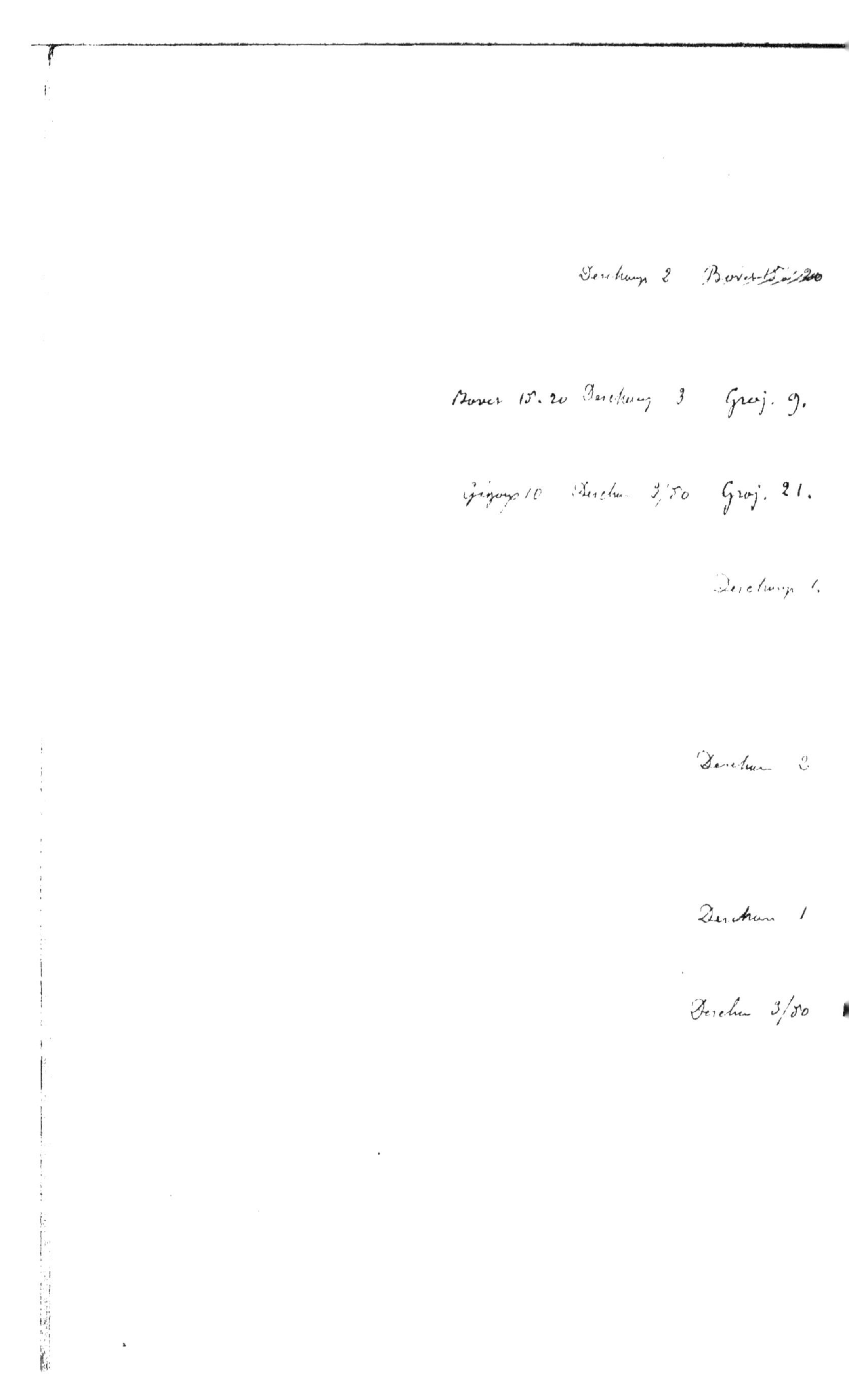

Deckung 2   Bovist ...

Bovist 15.20 Deckung 3   Grej. 9.

Gigaro 10   Deckun 3,50   Groj. 21.

Deckung 1.

Deckun 2

Deckun 1

Deckun 3/50

40 BRILL (Mathieu). Moulin à vent sur un monticule au pied duquel se trouvent une chapelle et un pâtre gardant un troupeau. Dessin à la plume bien conservé. *Signé.*

41 BUONAROTTI (Michel-Ange). Tête d'homme grotesque. Vigoureux dessin à la plume, à l'encre brune. Collections *Ottley* et *Woodburn.*

42 — Étude d'écorché accroupi. Dessin exécuté avec une grosse plume et à l'encre brune. Collection *Gault de St-Germain.*

43 CABEL (Van der). Saint Bruno agenouillé tenant un crucifix. Gravure découpée, d'après Barocci, et teintée d'encre de Chine. Le paysage agreste est de Van der Cabel, qui l'a imaginé pour compléter cette scène. Énergique dessin à la plume.

44 CALDARA (Polydore de Caravage). Mercure. Beau dessin à la plume, lavé de bistre et rehaussé de blanc. Ce dessin a été gravé par *Goltzius* dans la suite des dieux. D'une ancienne collection. Encadré.

45 — Esclaves entourés de trophées d'armes. Beau dessin à la plume, lavé de bistre et rehaussé de blanc. Collection ★.

46 CALIARI (Paul Véronèse). La Justice, tenant le glaive et la balance, plane au-dessus du globe terrestre. Sujet de plafond, dessiné à la plume et lavis de bistre avec rehauts de blanc, sur papier bleu. Superbe dessin de ce maître.

47 **CALLOT** (Jacques). Grand paysage où des hommes se livrent à la pêche au bas d'une chute d'eau. A gauche est un monument italien crénelé sous lequel se voit un moulin à eau. Un groupe de soldats se trouve dans une barque; un autre, au premier plan, s'exerce sur le tambour, etc. Important dessin à la plume.

48 — Charmant petit dessin représentant des montagnes entourées d'une rivière et garnies de forteresses. Au pied des monts se trouvent des habitations et une petite ville entourées de hautes murailles. A la plume et à l'encre brune.

49 — Le Mendiant à la jambe de bois. Beau dessin à la sanguine, traité de main de maître. C'est probablement la pensée originale du même sujet gravé à l'eau-forte dans la suite des Gueux (n°s 14 de la suite et 698 du catalogue de M. Meaume). Il est dn sens inverse de l'estampe décrite et de dimension plus grande. Encadré.

50 **CAMPI** (Bernardino). Saint Grégoire, saint Bernard et sainte Marguerite. Dessin à la plume, lavé de bistre.

51 **CAMPI** (Giulio). Le Char d'Apollon, précédé par l'Aurore. Dessin à la plume lavé de sépia. D'une très-ancienne collection.

52 **CARESME**. Offrande à l'Amour. Invocation à Priape. Deux dessins gracieux, formant pendants, à la pierre noire, délicatement lavés d'encre de Chine et d'aquarelle. Sous verre.

0. Graj. 25. Kescha 2,50

. Bov. 15 a 20 Duscha 1,50

. Graj. 32 Bov. 15 a 45. Duscha 3,50 Deung 25

. Derchan 2.

. Derchan 2.

o Kescha 5,50 Müchah 57. Deung 25

Berchon 1,50

Berchon 2
Berchon 2,50

Berchon 1,50

Berchon 2,50

Berchon 2

Berchon 1 1,

Berchon 2,50

25   53 **Caricature** du XVIe siècle. Un homme au cou garni d'une fraise et au corps de lézard pince de la guitare. Un autre, également avec une fraise et au corps d'écrevisse, lance de la fumée d'une longue pipe. L'un porte, en bandoulière, une longue dague et l'autre une rapière. Un troisième personnage, coiffé d'un capuchon surmonté d'un chapeau, joue de la cornemuse. Curieux dessin à la sépia, au pinceau.   6   Vy

25   54 CARRACHE (Annibal). Paysage à la plume lavis de sépia et rehaussé de blanc. Beau dessin. Enc.   13

30   55 — Syrène et Titon formant motif d'ornement, vraisemblablement pour la décoration du palais Farnèse et analogue à celui de la collection *Guichardot*. A la plume et lavé de sépia.   7   Vy

15   56 — Gardiens de buffles dans la campagne de Rome. Dessin à la plume, trouvé au Bengale par P. Collin.   2   Vy

25   57 CASTIGLIONE (Benedetto). La Sorcière. Bon dessin original, à la plume, dont l'artiste en a fait une eau-forte. Nous y joignons une épreuve où l'on remarque quelques modifications.   9

10   58 CESARI (Guiseppe) *d'Arpino*. Saint Georges à cheval. Dessin à la plume et lavé de sépia qui rappelle le saint Georges de Raphaël.   9

25   59 CHATELET, 1784. Habitations rustiques italiennes. Belle aquarelle. *Signée*.   4   Vy

10   60 CHIARI (Giuseppe). Sylène, entouré de satyres et de bacchantes, va quitter l'âne pour monter sur un char. Plume et lavis de bistre. Collection *Kaieman*.   3.50   Vy

Vig 6.50   **61** CIPRIANI (Gio.-B.). Terpsichore, devant une figure de Diane et un sylvain, joue de la lyre. Sujet de camée, de forme ronde, à la plume et lavé d'encre de Chine sur fond brun. Collection *Andréossy*.   25

Vig 5   **62** CIRCIGNANI (Niccolò). Motif d'ornement d'une chapelle. Dans le centre se trouve le baptême du Christ. Pierre noire sur papier bleu.   15

15.50   **63** CLÉRISSEAU. Ruines du temple de Minerve à Athènes. Beau dessin à la plume et aquarelle.   30

Vig 3.50   **64** CLERMONT, élève de Boucher et directeur de l'Académie de Reims. Démosthènes dans la tribune aux harangues. Grand et important dessin à la plume, lavé de sépia et relevé de blanc.   20

Vig 13   **65** COROT (J.-B.). Agar au désert. Dessin à la plume lavé d'encre de chine (Le tableau fait sur ce dessin, a été catalogué dans la vente de l'Artiste, sous le n° 85).   40

7   **66** COURTOIS (Jacques). Combat de cavalerie. Dessin en forme de frise, à la plume lavé d'encre de chine.   12

Vig 3   **67** CRAPELET (Am.). Intérieur d'un village dans le midi de la France. Aquarelle rehaussée de blanc. *Signée*.   20

4   **68** CRAYER (Gaspard de). Saint Paul. Grand dessin à la pierre noire.   12

7   **69** CRESTI (Dom.). *de Passignani*. Épisode de la vie de saint Bernard. Beau dessin à la plume largement lavé de bistre.   20

1. Beschn. 1/50

2. Beschn. 1/

3. Beschn. 1/

4. Beschn. 1/50

2. Groj. 17. Beschlan 3/50

4. Besch. 1/50

5. Besch. 1/50

Beschn. 1

6. Beschn. 1

Derehm 2   1 D

Derehm 2,50   8.

Derch 4   6.

Derch 1,50   5

Barden 20 Derch 2   8.

Derch 1,50   10

Hitlenn 30 Derch 2,50   7

Derch 2,00 Groj 10.   8

Derch 1,50   4

25   **70 DEMARNE** (J.-L.). Grand paysage où se voit un paysan monté sur un âne et précédé d'une vache. Dessin au crayon noir.   *10 0*

20   **71** — Paysage où se trouve une paysanne traversant un gué, accompagnée de chèvres et moutons. Au lavis d'encre de chine. *M. Gase.*   *8.50*

15   **72 DIÉTRICH** (C. W.). Don Quichotte aperçoit sa Dulcinée dans un médaillon que lui montre la Folie. Au lavis de bistre. *Signé* du monogramme, daté de 1756.   *6.50*

20   **73 DONI** (Adone). Vierge et divers saints personnages. Bon dessin à la plume et lavis de bistre.   *8*

25   **74 DOSSI** (Dosso). Le Christ mort, affaissé sur les genoux du Père Éternel et entouré d'anges et des instruments de la Passion. Très-beau dessin à la plume et lavis de sépia.   *21*

30   **75 DUGHET** (Gaspard Poussin). Madeleine au milieu de rochers formant une grotte. Vigoureux dessin à la sanguine. Collection *Desperret*.   *10.50*

20   **76 DU JARDIN** (Karl). Portrait de ce peintre par lui-même. A la plume, lavé de bistre et d'encre de chine. Ancienne collection.   *12 Vig*

25   **77** — Bestiaux en marche au bas d'un monticule, au sommet duquel est une habitation avec moulin à eau. Lavis de sépia. Collection de *M. Gigoux*.   *10 Vig*

12   **78 DURAND BRAGER**. Vaisseau en construction au bord de la mer. Mine de plomb relevée d'aquarelle. *Signée*.   *4.50*

79 DURER (Albert). Paysage rocheux d'où descend un torrent. Sur une sorte d'îlot se trouve un cloître dominé par de hautes tours et auquel on aboutit par un pont jeté sur l'un des bras du torrent. A droite, au fond, une rivière. Très-rare et beau dessin qui rappelle les sites que ce maître a reproduits dans ses belles estampes. A la plume, sur papier teinté de rouge.

80 DYCK (Antoine Van). Vierge entourée d'anges. Bon dessin à la plume.

81 — Allégorie de la Foi. Bon dessin au lavis de sanguine et d'encre de chine.

82 — Jésus crucifié entouré des saintes femmes. Croquis à la pierre noire.

83 ÉCOLE ALLEMANDE (Genre d'Eisen). Un Berger présente un bouquet à sa compagne. Un autre présente à sa bergère un oiseau qu'il vient de sortir de sa cage. Deux dessins pastoraux formant pendants, à la plume et lavis d'aquarelle.

84 ÉCOLE DE SIENNE, XVIe siècle. Deux anges soutiennent la base d'une chapelle. Au sommet se trouve la Vierge et l'Enfant assise sur des nues. Très-beau dessin à la fresque, en grisaille sur fond d'ocre jaune, imitant le fond d'or.

85 ÉCOLE FRANÇAISE du XVIe siècle. La Thésauriseuse. Vieille femme comptant des pièces d'or, la main gauche crispée dans un sac paraissant contenir de l'or. La jouissance d'une avare manipulant son trésor est supérieurement exprimée sur la physionomie de cette vieille. Intéressant et curieux dessin à la pierre noire et à la sanguine. Encadré.

, Derecho 2/50

, Conoly 25. Derecho 2/50

, Derecho 1/50

, Derecho 1/50

, Derecho 3/ Dresing 25

, Derecho 1/

5. Derecho 3/50

Dersch 3/50 Conoly 10. 50

Dersch 3   Conoly 10   40

Dersch 3   7

Dersch 1   6

Stichtbin 5 Dersch 1 Carré ", 10

Dersch 2/50 12

Dersch 1   5

86 **ÉCOLE FRANÇAISE** du XVIIIe siècle. Jeune et jolie femme en costume élégant, la tête couverte d'un coquet chapeau orné de fleurs. Grandeur demi-nature. Grand et beau dessin à la pierre noire. Encadré.

87 — Jeune femme en toilette élégante et jolie coiffure. Grandeur demi-nature. Grand et beau dessin à la pierre noire. Pendant du précédent. Encadré.

88 **EDELINCK** (Gérard). ~~Richelieu~~ assis sur une espèce de trône au-dessus duquel s'étend une draperie soutenue par deux enfants. Sa main gauche est posée sur la tête d'une jeune femme symbolisant la douceur et qu'un génie ailé semble lui présenter. A ses pieds sont les attributs de l'étude des Arts. A sa droite est une femme accroupie symbolisant la Force. Dessin probablement destiné à l'en-tête d'une thèse. A la pierre noire et lavis d'encre de Chine.

89 **ESGRET DE RAINVILLE**, *élève de Parrocel.* Étude d'un soldat à cheval et vu de dos. Grand dessin aux trois crayons.

90 **Éventail.** Motif d'ornement du XVIIe siècle affectant la forme rayonnante d'un éventail. Aquarelle.

91 **FARINATI** (Paul). Combat des Amazones. Beau dessin à la plume lavé de bistre et rehaussé de blanc. Collections *E. Paer* et *Cosway.*

92 — Deux Femmes et un Religieux secourant un homme blessé. Lavis d'encre de Chine rehaussé de blanc.

93 FÉTI (Domenico). Un Homme agenouillé semble offrir un présent. Dessin à la pierre d'Italie, rehaussé de blanc sur papier bleu.

94 FORTY. Modèle pour un Sucrier en argenterie de style Louis XVI. Très-beau dessin à la plume et lavis d'encre de Chine, relevé de bistre.

95 FRAGONARD (Honoré). La Fileuse. Très-beau dessin au lavis de bistre, de la meilleure époque du maître.

96 FRANCO (Battista). Guerriers se combattant. Très-délicat dessin à la plume, à l'encre blonde. Collection *R*.

97 — Centaure étouffant un Satyre. Statue de Priape et autres études d'après l'antique. Au verso des études analogues. Bon dessin à la plume.

98 FREMINET (Attribué à Martin). Le Christ descendu de la Croix. Dessin à la plume lavé d'encre de Chine.

99 GELÉE (Claude-Lorain). Groupes d'arbres sur les bords d'une rivière où se voit un pont de deux arches.

Dessin évidemment exécuté en France, lors du retour de l'Artiste dans sa Patrie, vers l'an 1626. Cette présomption peut-être fondée eu égard à la qualité du papier, qui est aux armes de France, règne de Louis XIII.

Les habitations, du reste, qui forment le fond de ce paysage, appartiennent bien au genre de construction de nos habitations rurales.

Très-rare et curieux spécimen des travaux de notre immortel paysagiste en ce genre, dont on ne connaît guère que des sites italiens. Collection *J. Dupan*.

Desch. 1

. R.15. Carre 8. Desch 1,

5. Bover 50 a 125   Desch 3   Dccusy 50

. Deschn 1,

3. Desch 1,

6. Desch 1,

5. Grau 78. Dn 3,

Desch 5/50   Dover 30 a 90   Groj. 105.   25

Groj 25   Desch 1/50   Dover 20 a 80   Groj. 8.   18

Dover 1.   10

5

Desch. 1   L

Desch 1   j

Groj 25   Desch 1/50   6

Desch 25   Desch 2/50   Dover 30 a 35.   35

Desch 1   1

100 — Paysage montagneux entre-coupé de ravins.
Dans l'intérieur d'une habitation, à gauche, un
homme semble donner des soins à une femme
évanouie. A la plume et lavis de bistre relevé de
blanc. Signé *Cl. 1663*. Collection *J. Dupan*.

101 GREUZE (Jean-Baptiste). Tête de jeune fille.
Dessin à la sanguine, de la suite dite des études
pour le dessin. Collection *Leroy d'Étiolles*.

102 GRIMALDI (J.-F.), *Le Bolognèse*. Groupe de personnages au pied d'un arbre. Au fond du paysage
se voit une forteresse surplombée par une haute
montagne. Dessin à la sanguine bien conservé.

103 Une Villa au bord d'une rivière. Au verso, une
autre étude. Plume et lavis de sépia, relevé de
blanc.

104 HACKERT (J.). Paysage orné de figures, au lavis
d'encre de Chine.

105 HEUS (Jacques De). Paysage agreste animé de
personnages dans le goût de Salvator Rosa. A la
plume et lavis d'aquarelle.

106 HOET (Gérard). La Continence de Scipion. Dessin
à la plume, lavé d'encre de Chine et d'aquarelle.

107 HUET (J.-B.) La Lavandière. Une femme lave
du linge auprès d'un pont en ruines. Sur la
montée, à gauche, se voit une habitation entourée de murs et ombragée de bouquets d'arbres.
Jolie aquarelle, en partie gouachée. Sous verre.

108 INGRES, d'après *Masaccio*. Étude de deux
personnages. Au crayon et lavis de blanc sur
papier teinté.

109 JANET (François). Portrait de Catherine de Médicis à l'âge de 48 ans. Très-fin dessin à la pierre noire sur vélin, daté de 1567.

110 JEAURAT. Tête de Petite fille encapuchonnée. Pierre noire relevée de blanc.

111 JODE (Pierre De). Composition allégorique de la Soumission des provinces des Pays-Bas à Charles-Quint. Grand et beau dessin à la plume lavé de sépia.

112 JOHANNOT. Album de croquis et costumes du moyen-âge et autres. — Environ 250 pièces à la mine de plomb et lavis.

113 JORDAENS (Jacques). Adonis chassant un cerf. Dessin capital du Maître au lavis de bistre et d'aquarelle.

114 KAUFFMANN (Angélica). Jeune Dame refusant les offres d'un galant. Dessin à la pierre noire sur papier bleu.

115 KONING (P. de). Les Ouvriers de la vigne. Composition analogue à celle que peignit Rembrandt sur le même sujet. Dessin au bistre, au pinceau.

116 LA FOSSE (De). Trophée d'instruments champêtres. Au lavis de bistre.

117 LA HIRE (L. De). Sommeil de l'Enfant-Jésus pendant un repos en Egypte. Au lavis d'encre de Chine.

118 LAIRESSE (Gérard De). Adonis part pour la chasse malgré les instances de Vénus. (Cette composition a été gravée à l'eau-forte par le Maître.) Bon dessin à la sanguine. D'une ancienne collection.

5.   Such 3,50

4.   R.15.   such 1, Penny 25

8.   Such 1 50

0.   Such. 2

0.   Such 1, 50

7.   Conoly 25.   Bover 15 Such 1,50

0.   Such 1/50

6.   Such 1'

4.   Such 1/50

8.   Conoly 13 Such. 2/50

Derch 2/50 1[...]

Derch 2 8[...]

Derch 2 7[...]

Derch 1/50 Bried 35. 2[...]

Hubert Derch 2 - Douer 20. [illegible] 5. Consly 20. 5[...]

Derch 1/50 10[...]

Derch 1/50 10[...]

Derch 2 12[...]

Jean Baptiste Louis Picon d'Andrezel, Chereau
d'ap. Rigaud

50   119 LARGILLIÈRE (Nicolas De). Portrait de Magis-   16
      trat à grande perruque. Très-beau dessin au
      lavis d'encre de Chine et d'aquarelle.

20   120 LAVALLÉE-POUSSIN. Les Bacchantes vendan-   9
      geuses. Bon dessin à la plume et lavis de bistre.

15   121 LE MOINE (François). Allégorie de la Musique   7 . 50
      figurée par des femmes et des enfants jouant et
      chantant. Pierre noire et lavis de bistre légère-
      ment rehaussé de blanc.

80   122 LE PRINCE (J.-B.). Intérieur d'une cour de   51
      ferme où se voit un puits rustique. Animé de
      figures. Beau dessin au lavis de sépia.

15   ✸ 123 LESUEUR (Eustache). Étude de femme en cos-   22   V 2/
      tume de Diane. Joli dessin à la pierre noire
      rehaussée de blanc, sur papier bleu.

25   ✸ 124 LEYDE (Lucas De). Montant d'ornement formé   10 . 50
      par une femme richement vêtue, la tête couverte
      d'une coiffure ornée de plumes. Joli petit dessin
      à la plume.

30   ✸ 125 LIGOZZI (Jacopo). Allégorie de la Foi. Beau   17
      dessin au lavis de bistre rehaussé d'or. Collec-
      tion du cardinal *Niccoli*.

40   126 LILLIO (Andrea d'Ancône). Composition allégo-   20
      rique portant au centre les armes et les insignes
      d'un cardinal. A droite, une femme coiffée de la
      tiare tient un cœur embrasé ; elle est dans un
      char traîné par deux aigles. A gauche, une autre
      femme, coiffée d'une couronne, tient un sceptre ;
      son char est traîné par deux chevaux. Dans le
      haut une femme agite une torche enflammée et
      une autre supporte une colonne en s'appuyant
      toutes deux sur le blason. Grand dessin à la
      plume largement teinté de bistre.

127 — Saint François et Saint Bernard aux pieds de la Vierge. Croquis à la plume lavé de bistre.

128 LONDONIO (F.). Troupeaux d'animaux dans une cour d'auberge. A la pierre d'Italie et lavis de blanc sur papier bleu.

129 LOUTHERBOURG. Vaches et moutons au milieu de rochers. Un paysan agace son chien avec un bâton. Au lavis d'encre de Chine.

130 LUYKEN (J.). Apothéose du Christ tenant une sphère ; il est entouré des êtres de la création. Au bas une idole est renversée. A la plume et lavis d'encre de Chine.

131 MALLET. Scène galante dans un parc. Crayon noir relevé de blanc.

132 MANGLARD (Adrien). Paysage italien au lavis de sépia.

133 — Petite marine à la plume. Lavis d'encre de Chine et de sépia. Signé du monogramme.

134 MARATTE (Carle). Personnages en adoration devant l'Agneau pascal. Dessin de forme demi-circulaire, à la pierre d'Italie.

135 MAZZOLA (F^{co}), *Le Parmesan*. Tête de jeune homme souriant. Très-beau dessin à la pierre noire, dans le sentiment du Corrége. Au verso, une composition à la sanguine.

136 — Le Mariage mystique de sainte Catherine. Joli dessin à la pierre d'Italie relevé de blanc, sur papier bleu. *Signé Mazolo*, au verso.

Desch. 2

Desch 1

Desch, 1.

Desch 1/50

Desch 1

Desch 1

. Desch 1

. Verordnung 5. Desch 1/00

. Desch 2/00

Desch 2   1[illegible]

Desch 1 ℔   5[illegible]

Desch 1 ℔   5

Desch 1 ℔   6

Desch 1 ℔ over 50 a 75   50

Desch 2   18.

Desch 1   10.

Desch 1 ℔   7

Desch 8/℔ Aover 50 150   40.

137 — Jason coupe la tête de Méduse, du sang de laquelle sort le cheval Pégase. Joli petit dessin à la plume et au lavis, rehaussé de blanc. Encadré.

138 MIELE ou *Méel* (Jean). Repos d'une Dame et de Cavaliers hollandais. Lavis de sépia.

139 MOLA (J.-B.). David sacrifiant aux idoles. Lavis de sépia.

140 MOLA (P. Fᶜᵒ.). Enlèvement d'Europe. Vigoureux dessin à la sépia.

141 MOREAU (Louis). La Seine aux environs de Paris. Sous de grands arbres à gauche on voit deux femmes occupées à laver le linge. Très-belle et harmonieuse gouache de cet artiste recherché. Elle porte son monogramme. Encadré.

142 MOREAU (Attribué à Louis). Les Bords de la Marne. Effet de crépuscule du matin. On voit dans une barque un chasseur qui semble épier du gibier aquatique. Très-jolie aquarelle. ~~Sous verre.~~

143 MOUCHERON (Isaac). Paysage animé de personnages. Bon dessin au lavis d'encre de Chine, relevé de blanc.

144 MOYAERT (Nicolas). La Coupe de Benjamin retrouvée dans le sac. Plume et lavis d'encre de Chine.

145 MURILLO (Bartholomé-E.). Religieux en méditation assis et accoudé sur sa chaise. Superbe dessin aux trois crayons, sur papier brun. Il porte dans le haut, à gauche, le monogramme du Maître. (On sait la rareté des beaux dessins de cet Artiste.)

146 MURILLO (Attr. à B.-E.). La Foi symbolisée par une femme debout, largement drapée, tenant en main un ciboire. Les clairs et les ombres sont indiqués par larges masses. Gr. dessin sur pap. brun.

147 NANTEUIL (Robert). Portrait d'un haut personnage à grande chevelure. Il est revêtu de son armure sur laquelle une écharpe est posée en sautoir. Beau dessin à la sanguine.

148 NATTIER. Portrait de Mme Favart. Joli dessin à pierre noire, rehaussé de blanc, sur papier bleu.

149 NIEULANDT. Tour en ruines où l'on aboutit par un pont sur une rivière animée de barques. Sur le devant divers personnages. Plume et lavis.

150 OMMEGANCK (B.-P.). Animaux au pâturage. Sur le devant un groupe de moutons et brebis. Bon dessin au lavis d'encre de Chine.

151 ORLEY (Bernard Van). Personnages de qualité paraissant se rendre à une cérémonie. Dessin, pierre noire.

152 ORLEY (Richard Van). Le Christ et la Samaritaine. Très-beau dessin à l'encre de Chine, relevé de blanc, sur papier bleu.

153 **Ornement**. Lit de Louis XV. Dessin à la pierre noire, relevé de blanc, sur papier teinté.

154 **Ornements**. 25 Dessins à la plume et au lavis, par Babel, Lajoue et autres. Pourra être divisé.

155 PALMA (J.), *Junior*. La Cène. Lavis de sépia d'une grande légèreté. Collection *V. Denon*.

156 PALMÉRIUS. Pâtre gardant un troupeau au milieu d'un paysage agreste. Bon dessin à la plume et lavis de bistre.

Durch 4/50

Bover 15 a 40 Durch 3/50

. Durch 3/ Barden 100 Dienstg 25

. Durch 1

. Durch 1/50

. Durch 1/50

. Durch 1/00

. Durch 1/

. Durch 2

2 Durch 2/50

0 Durch 2

Dersch 1

Delonn Dersch 1,50

Dersch 1/50 8

Dersch 2/50 1

Dersch 1,50

Dersch 1/50

Dersch 2/50

Dersch 1

Dersch 1/50 Conoig. 20.

Dersch 1/50

Dersch 2/50 Groj. 7. 1

157 PALMÉRIUS (Attribué à). Paysan conduisant une vache. Dessin au lavis de sépia.

158 PARROCEL (Joseph). Le Cavalier porte-drapeau. Énergique dessin à la sanguine fixée.

159 PERELLE (G.). Paysage, de forme ronde, où se voient les ruines de la colonnade d'un palais. Dessin au lavis d'encre de Chine. Accompagné de sa gravure, mais de dimension plus petite.

160 PERUGINO (Pietro), *Le Pérugin*. Tête de jeune homme. Très-beau dessin à la sanguine que l'on a anciennement imprégné d'huile afin d'éviter son effacement. Encadré.

161 PERUZZI (B). Allégorie au règne de l'Ignorance. Dessin d'une grande finesse à la plume, lavé de sépia.

162 PICCHI (Giorgio). Sujet historique. A la plume et au lavis.

163 PIPPI (Jules-Romain). Un Sacrifice à Jupiter. Bon dessin au lavis de sépia. (Nous joignons la gravure, le dessin s'y trouve modifié.) Collection très-ancienne *I C.*

164 PIRANÉSI. Autel et Vase antiques. Trophées d'armes. Grand dessin décoratif à la plume et au lavis de sépia.

165 PROCACCINI (Camilio). Jeune mère allaitant son enfant. Joli dessin à la pierre noire.

166 PUPINI (Biagio). La Récolte de la manne. Dessin au bistre, relevé de blanc, d'un Maître rare.

167 QUAST (Pieter), 1640. L'Enfant prodigue dans la maison de débauche. Beau dessin à la pierre noire, sur vélin. *Signé*. Collection *Hamat*, de Liége

168 QUAST. Caricature de personnages transformés en animaux, dansant au son d'une musette et éclairés par un flambeau que tient un âne. Dessin à la plume.

169 RABELAIS (François). Un personnage à tête monstreuse et pattes de grenouille semble menacer du bâton un autre personnage enfroqué à tête de cochon; son bras gauche est figuré par un pied de porc, l'autre par une griffe. Ses pieds aussi sont pattes de grenouille. A la droite de ce personnage se trouve, comme un maître d'hôtel, une sorte de Rifflandouille. Puis, à droite de celui-ci, un être à tête de pie tout encapuchonné. Derrière le Rifflandouille se voit la caricature de François Ier paraissant prendre plaisir à la querelle. A droite du dessin on aperçoit Charles-Quint la tête couverte d'un sombreros et l'épée sous le bras, comme pour venir défendre l'un des querelleurs. Le personnage qui le précède, à tête de veau, est recouvert d'un manteau espagnol, la tête couverte d'un genre de couvercle de marmite. A leurs pieds rampe une couleuvre à grosse tête où sont deux oreilles d'âne.

Sans aucun doute, cette Satyre a été faite contre des moines, à propos d'une querelle à la cour de François Ier que Rabelais fréquentait. Elle a été donnée par notre célèbre satyrique au cardinal d'Est, un des protégés du Roi (Cette particularité ne peut faire de doute, les armes du cardinal existant au verso du dessin.) Celui-ci en a fait don à son tour à un autre personnage (dont les initiales seules sont révélées) par l'envoi signé de sa main qui se voit également au verso.

Comme il est de notoriété que Rabelais a fait, de sa main, une partie des caricatures originales de Pantagruel et autres productions, il devient présumable que le présent dessin est également de sa main.

A la plume et teinté de bistre.

[illegible handwritten note]

[illegible handwritten note]

Desch 6,32 Dover 15 a 30 Condy 15. 15

Desch. 9 Dover 15 a 50 15

Desch 8,50 20

Desch 1,50 Dover 10. Condy 15. 4.

Desch 1 50 4.

Desch 1,50 Dover 10 a 15 Condy 10. 3.

Desch 1,00 8.

Desch 1 6

170 REMBRANDT (P.). Le Christ en croix. A ses pieds sont sa Mère, la Madeleine et divers personnages. Joli dessin à la plume légèrement teinté d'encre de Chine.

171 — Vue de Haarlem par un temps d'orage. Beau paysage à l'aquarelle, chaud de ton et puissant de couleur. On sait que les paysages de ce Maître sont rares.

172 — Jésus prêchant. Beau dessin qui paraît être une pensée originale de l'estampe décrite sous le n° 67 du catalogue de Bartsch, sous la rubrique de : Jésus prêchant ou la Petite tombe. Nous joignons une photographie de cette estampe qui permet de remarquer des différences notables dans la composition des groupes. A la plume et lavis de sépia.

173 RENI (Le Guide). Une Sibylle. Étude à la sanguine pour le tableau qui se trouve au Vatican. Collection *J. Dupan*.

174 RESTOUT. L'Adoration des bergers. Dessin à la pierre noire, relevé de blanc, sur papier teinté.

175 RIBERA (Giuseppe). L'Adoration des Bergers. Bon dessin à la plume lavé de bistre. Collection *Arozarena*.

176 RICAMATORE (Jean d'Udine). Sujet tiré de la Mythologie. Gracieux petit dessin à la plume, lavé de sépia et rehaussé de blanc. Encadré.

177 — Montant d'ornement formé par une femme debout sur un socle Renaissance. Joli petit dessin à la plume légèrement lavé de sépia.

178 RICCI (Marco). Pays montagneux animé de personnages. Très-beau dessin à la plume et à l'encre brune. Collections : *Ottley. Wm Esdaile* et *Robt Udney.*

179 — Sainte Thérèse et un autre Saint aux pieds de la Vierge. Plume et lavis d'encre de Chine.

180 RIGAUD (Hyacinthe). Charles-Amédée Broglie, comte de Revel, revêtu de son armure et tenant le bâton de commandement. Petit dessin à la sanguine.

181 ROBERT (Hubert). Cour intérieure d'un palais italien où se voit une fontaine sous une voûte et animée de personnages. Très-beau dessin à la plume et lavis d'aquarelle de la meilleure qualité du maître. *Signé.*

182 ROBUSTI (Jacopo), *Le Tintoret.* La Cène. Beau petit dessin à la plume, très-bien conservé.

183 — Loth reçoit les trois anges. Bon dessin à la plume, légèrement lavé de sépia. Collection *J. Boilly.*

184 ROMANELLI (G.-F.). Une Enchanteresse. Au bas du dessin se trouve cette inscription : « *Sic vinamus, ut mortem non metuamus.* » A la plume et lavis d'aquarelle.

185 ROSSI (Fr. de Salviati). Sainte Famille. Dessin à la plume de la collection *Vallardi.*

186 RUBENS (Pierre-Paul). Études pour le Polyphème jetant un quartier de roc pour écraser le berger Acis. Bon dessin à la pierre noire, légèrement rehaussé de blanc.

7.   Desch 1

6.   Durch 1, 50

5.   Desch 1, 50

5.   Bees go   Desch 4.
     si par 122.
     ou 100/. les 2.

3.   Desch 1, 00

3.   Desch 1, 50

7.   Durch 1/50

     Desch 1/50

.   Durch 2/50

Derch . Boves 10 a 40 Groj. 12. 1

Derch .

Derch 1, 30

Derch 2 1

Derch 1, 30 2

Zinsen 25 Michel. 56 Derch 9/30 Boven 15 a 40 1

Derch. 1 30

Derch 9/30

187 — Tête d'homme, à la pierre noire relevée de blanc. (Ce dessin porte au verso le numéro d'ordre de l'inventaire dressé chez Rubens après son décès.)

188 — Étude de paysage au lavis d'encre de Chine. Rare spécimen de ce genre de dessin du maître.

189 RYCKAERS (David). Buveurs dans une taverne. Croquis à la pierre noire.

190 SACHT-LEVEN (Corneille). Paysanne hollandaise assise sur un bloc de bois. Bon dessin à la pierre noire, *signé* du monogramme et daté de 1646.

191 SACHT-LEVEN (Herman). Paysage sur le versant d'une montagne, au fond on aperçoit une ville avec ses clochers. A droite est une masure au pied de laquelle sont quelques paysans. Grand et beau dessin à la pierre noire lavé de bistre.

192 SAINT-AUBIN (Augustin). Le Menuet. Berger et bergère coquettement accoutrés et dansant au son de la cornemuse. Joli dessin à la plume lavé d'aquarelle.

193 SAMMACHINI (Orazio). La Charité. Femme tenant deux enfants. Lavis de bistre. Collection *Andréossy*.

194 SANTO CAPUCINO (Fra.). Saint François recevant les stigmates. Plume et lavis de sépia.

195 SANZIO (Raphaël d'Urbin). Le miracle de Bol-
sène. L'une des premières pensées pour cette
composition. La gravure au trait, que nous joignons, permet de constater de très-notables
différences entre l'idée première et l'exécution
définitive. Important et intéressant dessin tracé
à la plume d'une main légère avec quelques
teintes d'encre de Chine. Encadré.

196 — Femme accroupie entourant son enfant de ses
bras. Beau petit dessin à la plume, de ce maître.

197 SARTE (André del). Etude d'un homme appuyé
sur une balustrade. Dessin à la pierre noire, sur
papier bleu.

198 SCHENAU (J.-F.). Tête de femme. Dessin à la
sanguine dans le sentiment de *Greuze*.

199 SCHUT (Corneille). Frontispice allégorique des
Arts et du Commerce. Plume et lavis d'encre
de Chine.

200 SILVESTRE. *Port du Pon de roone à lions* (sic).
Rare et beau dessin à la plume et lavé de sépia,
sur papier teinté.

201 SPIERINGS (N.). Paysage d'une grande étendue.
Au verso, un autre paysage. Dessin au lavis de
sépia. Collection *Arozarena*.

202 STRY (A. Van). Réconciliation de Jacob et de
Laban. Composition animée d'un grand nombre
de figures et d'animaux. Dessin au lavis de
sépia. *Signé*.

. Deach. 12/50

. Conoly 25. Rover 15 . 40   Deach 6/50

. Deach 1/50

Deach 1'

Deach 1/50

. Serendieum 10. Deach 1/50

. Deach. 1/50

Deach 3/

Dersh 2/50

Dersh 1/50   Cornaly 10,

Dersh 1

Dersh 1   1

Dersh 2/50 Dovalls a 45   Condly 15,   1

Dersh 1   1

Dersh 4   Dova 20 a 45

203 S. T., 15 8 (Maître au monogramme). Vierge et l'Enfant apparaissant à un anachorète occupé à écrire avec un style.

Le massif d'arbres, la montagne du fond au sommet de laquelle se voient des édifices monastiques, ainsi que la maisonnette avec moulin à eau, décèlent un artiste de l'école d'Albert Dürer.

Joli dessin à la plume, lavé d'encre de Chine et relevé de blanc, sur papier teinté en rouge.

204 SUBLEYRAS. Mort d'une sainte religieuse. Dans le haut de cette composition se trouve cette légende : « *La femme verra son dernier jour avec joye.* » Grand dessin au lavis d'encre de Chine.

205 SUSTERMAN (L. Suavius). Mort d'une sainte religieuse entourée de nombreux personnages. A la plume et lavis de sépia relevé de blanc. Collection *Ard.*

206 SUVÉE. Tête de jeune femme de grandeur naturelle. Bon dessin à la pierre noire, sur papier bleu.

207 SWEBACH. Combat de cavaliers français contre des hussards étrangers. Joli dessin à la plume et lavis d'encre de Chine. *Signé* du monogramme.

208 TAUNAY. Intérieur du marché Saint-Germain, Beau dessin au lavis d'encre de Chine.

209 TEMPESTA (Antonio). Combat de cavalerie. Grand et superbe dessin à la plume, lavé de sépia et rehaussé de blanc. Pièce capitale du maître. *Signé.* Encadré.

× 210 TÉNIERS (Abraham). Saint Antoine et un anachorète entourés de scènes de diableries. Dessin à la plume et lavis de bistre. *Signé* du monogramme sur le manteau de l'anachorète. Rare.   25

211 TÉNIERS (David). Église de village au bord d'une rivière. Sur le premier plan deux paysans devisent. Joli petit dessin à la pierre noire, *signé* du monogramme sur le poteau enfoncé dans l'eau sur le devant.   20

212 — Buveurs qu'un cabaretier semble renvoyer. Groupe de 8 figures, à la pierre noire sur papier teinté.   15

× 213 THOMAS (J.). B.-P. Siardus, évêque, en prière. Lavis d'encre de Chine. Ce dessin a été gravé.   10

214 TIBALDI (Pellegrino). Étude d'homme, vu en raccourci, dans le sentiment de Michel-Ange. Dessin à la plume.   30

215 TIÉPOLO (J.-B.). Le Triomphe de la Religion. Dessin pour un plafond, à la plume et lavé d'encre de Chine. *Signé*.   25

216 — Phaéton précipité dans un fleuve. Sujet de plafond à la plume, lavé d'encre de Chine. Au verso, un autre sujet de plafond. *Signé*.   25

217 ULFT (Van der). Couvent de Saint-Georges, à Rome. Jolie sépia de la collection *Camberlyn*.   20

218 VANDREGHT (J.), 1777. Groupe d'enfants autour d'un vase de style Louis XVI, formant sujet décoratif. Grand dessin à la plume, lavé de bistre. *Signé*.   15

, Desch 2

, Dover 10a 35 Desch. 8/50

, Desch 3/50

, Desch. 1

, Desch 1.

, Desch. 2/50

, Desch, 3

, Desch, 1

, Desch 1/50 Page 10

Dersch 3/50

Dersch.° '50

Dersch 1.50

Dersch 18.   Dova 30 ~ 80

Dersch 8.   Dova 30 ~ 60   Caroly. 25.   2

Dersch 4

Dersch 3/50 Graf. 6.

219 VASARI (Giorgio). Rétable divisé en quatre compartiments représentant des sujets du Nouveau Testament. La base est ornée de jolis panneaux à motifs de la Renaissance. Très-beau dessin à la plume et lavé de sépia. Encadré.

220 — Médaillon dont l'entourage n'est terminé qu'à moitié. L'intérieur représente un palais avec cette inscription : *Eter-nitas*. Le génie de la Peinture est figuré par une femme peignant ; un enfant paraît préparer des couleurs tandis qu'un génie ailé indique, du geste, le faîte du monument. Très-beau dessin au bistre rehaussé de blanc.

221 — Noble Florentin assis sur un escabeau. Bon dessin à la pierre d'Italie, rehaussé de blanc, sur papier bleu. Collection *Andréossy*.

222 VECELLI (Tiziano), *Le Titien*. La Cène. Grande et belle composition exécutée à la pierre noire et rehaussée de blanc sur papier bleu. Dessin capital du maître. Collection *Josuah Reynolds*. Encadré.

223 — Le Christ tenté par Satan. Important et beau dessin du maître, à l'encre de Chine et rehaussé de blanc. Collections *Josuah Reynolds* et autre.

224 — Paysage au milieu duquel coule une rivière. Beau dessin à la plume. Quelques parties ont été restaurées.

225 — Étude de femme nue, à la sanguine, puis reprise à la plume. Sur la même feuille sont deux autres études à la plume. Bon dessin de la collection *Arozarena* et *FH. H*

226 VELASQUEZ (Diégo). Femme encapuchonnée brisant un morceau de pain. Sur la table sont deux vases de forme mauresque. Bon dessin à la plume et lavis d'encre de Chine et de sépia. Collection *G. Genoels*.

227 VELDE (Adrien van de). La plage de Schweningue. Composition où des hommes apportent du poisson devant un groupe qui l'examine. Bon dessin à la pierre noire, légèrement teinté de bistre. *Signé* et daté de 1628.

228 VERNET (Joseph). Petite Marine représentant une tempête. Joli petit dessin à la plume et lavis. Encadré.

229 — Marine largement étudiée à l'encre de Chine et sépia.

230 VINCENT, 1793. Jeune Vestale assistant aux prémices d'un sacrifice. A la plume, lavé de sépia. *Signé*.

231 VOS (Simon de). Un grand Seigneur, suivi de sa famille, fait don d'un ostensoir à un évêque entouré de son chapitre. Au fond se voit la ville d'Anvers. Grand dessin à la pierre noire relevée de blanc. *Signé*.

    (N. — Il manque un morceau dans le bas de la partie droite.)

232 VOUET (Simon). Sujet du Nouveau Testament. Bon dessin au lavis d'encre de Chine. Encadré.

233 VRIES (Adrien de). Quatre médaillons représentant les occupations pendant les saisons. Plume et lavis de bistre. Signés et datés de 1589. Collection *Andréossy*.

Graj 22. Dover 10 a 40 Deuh. 2/50

Deuh. 18.

Dover 10 a 40. Deuh 1/50

Dover 10 a 25 Deuh 1/50

Deuh 4.

Deuh 3/50

Deuh 2 Cherevari 10

Deuhi 12

Desch 5/50 7

Desch 2 6.

Desch 3 10

Desch 3/50 5

Desch 1,50 4

Desch 2 4

Desch 1/00 6.

Desch 1 4

Desch 1 - 8.

Desch 18.

234 WEENIX (Jean). Fontaine rustique au pied de laquelle un homme et une femme se reposent. A la pierre noire, sur vélin. *Signé*.

235 WERFF (Van der). Jeune femme nonchalamment accoudée sur un coussin. Petit dessin au lavis de laque rose.

236 WILLE fils (P.-A.). Tête de Jeune fille vue de face. Dessin à la sanguine, *signé* et daté de 1769.

237 WINCK-BOOM. Massifs d'arbres sur le bord d'une rivière où se voit une barque. Petit dessin à la plume. (Le petit oiseau sur l'arbre était la signature de cet artiste.)

238 WOLFF (B.), 1793. Arthémise au tombeau de Mausole. Pierre noire lavée d'encre de Chine et rehaussée de blanc.

239 ZUCCARO (Federigo). Vierge et l'Enfant entourés d'évêques et de religieux. A la plume et lavée de sépia. Collection *J. Dupan*.

240 — L'Annonciation aux bergers. Bon dessin à la plume, lavé de sépia et relevé de blanc.

241 — Groupe de Guerriers s'apprêtant au combat. Dessiné à la plume et lavé de bistre.

242 ZUCCARO (Taddeo). Allégorie à l'Amour qui s'éloigne de la Vieillesse. Curieux dessin à la plume, lavé de sépia.

243 Sous ce numéro seront vendus plus de 300 dessins anciens de diverses Écoles ; aquarelles anciennes et modernes, etc.

Vᵉˢ RENOU, MAULDE et COCK, impʳˢ de la Cⁱᵉ des Commissaires-Priseurs, rue de Rivoli, 144.   57841

No 243 = 369 e

20 _______ 5 50
25 _______ 10 50
30 _______ 5
30 _______ 10
20 _______ 7 50
20 _______ 6
40 _______ 5 50
40 _______ 4
30 Madame 5 50
11 aquarelles 9
25 comp. divers 6 50
23 divers 8
20 x 14
12 architectur 8
      ballard
32 _______ 8.

              110 00 H. 107
                           162
                           146
                           141 50
                            30
                          586-50